Markus Kaiser · Aline-Florence Buttkereit ·
Johanna Hagenauer

Journalistische Praxis: Chatbots

Automatisierte Kommunikation im Journalismus und in der Public Relation

Markus Kaiser
Fakultät AMP, TH Nürnberg
Nürnberg, Deutschland

Johanna Hagenauer
München, Deutschland

Aline-Florence Buttkereit
München, Deutschland

ISSN 2197-6708   ISSN 2197-6716   (electronic)
essentials
ISBN 978-3-658-25493-3   ISBN 978-3-658-25494-0   (eBook)
https://doi.org/10.1007/978-3-658-25494-0

Die Deutsche Nationalbibliothek verzeichnet diese Publikation in der Deutschen Nationalbibliografie; detaillierte bibliografische Daten sind im Internet über http://dnb.d-nb.de abrufbar.

Springer VS ist ein Imprint der eingetragenen Gesellschaft Springer Fachmedien Wiesbaden GmbH und ist ein Teil von Springer Nature
Die Anschrift der Gesellschaft ist: Abraham-Lincoln-Str. 46, 65189 Wiesbaden, Germany

Was Sie in diesem *essential* finden können

- Dialoge spielen eine zunehmend bedeutende Rolle und ersetzen nach und nach das klassische Sender-Empfänger-Modell. Es wird aufgezeigt, warum das Internet immer mehr zu einem Conversational Web wird.
- Chatbots vereinfachen die User Journey, erleichtern die Entscheidungsfindung, verbessern die Conversion und machen Markenversprechen erlebbar. Die Vorteile der Bots werden genannt.
- Es wird zwischen fünf verschiedenen Chatbot-Haupttypen unterschieden: dem Chatbot als Vertriebskanal, als Markenerlebnis, als Concierge, als Entlastung für den Kundendienst und als neuen Medienkanal.
- Das Konzept für einen Chatbot ist entscheidend. In dieser Phase erhält ein Chatbot auch seinen Charakter. Es wird erläutert, welche Schritte in der Konzeptionsphase über Erfolg oder Misserfolg entscheidend sind.
- Es werden einfache, kostenfreie Tools zur technischen Umsetzung eines Chatbots vorgestellt.

Vorwort

„Bis zum Jahr 2020 wird ein durchschnittlicher Bürger mehr Konversation mit einem Bot betreiben als mit dem Lebenspartner." https://www.gartner.com/smarterwithgartner/gartner-predicts-a-virtual-world-of-exponential-change (30.09.2018) Auf den ersten Blick wirkt diese Prognose des US-amerikanischen Marktforschungsunternehmens Gartner übertrieben. Wenn man allerdings berücksichtigt, dass der Bot *(von Englisch robot = Roboter)* den Menschen in immer mehr Lebenssituationen behilflich ist, zum Beispiel einen Tisch im Restaurant reserviert, einen Flug bucht oder einen Friseurtermin vereinbart, relativiert sich dies deutlich. Hinzu kommt, dass der Bot nicht mehr nur über die klassische Website, sondern auch über das Smartphone und über Sprachassistenten (sogenannte *Voice-Assist-Systeme* wie Amazon Echo oder Siri von Apple) unterstützt: quasi als Begleiter in allen Lebenssituationen und dies rund um die Uhr.

Chatbots gibt es bereits seit über einem halben Jahrhundert. Einer der ersten und bekanntesten ist von Joseph Weizenbaum vom Massachusetts Institute of Technology im Jahr 1966 veröffentlicht worden. Eliza, wie der Chatbot hieß, hatte den Charakter eines Psychotherapeuten. Seitdem gab es verschiedenste Entwicklungssprünge: sowohl was die Programmierung als auch die Spracherkennung betrifft. Hinzu kommt, dass digitale Anwendungen heute über *mobile devices* (wie Smartphones oder Tablets) nahezu überall verfügbar sind und Stück für Stück auch ins Auto oder in die Wohnung (Stichwort *smart home*) eingebaut werden. Selbst die Mikrowelle oder der Kühlschrank können heute schon angeschlossen werden.

In diesem Buch wird aufgezeigt, welche Einsatzmöglichkeiten es für Chatbots im Journalismus und in der Unternehmenskommunikation gibt. Es wird hier speziell auf Chatbots eingegangen. Andere Assistenzsysteme (wie Echo oder Siri) werden nicht vertieft, obwohl es bei der Konzeption und Umsetzung zahlreiche Gemeinsamkeiten gibt und künftig auch Schnittstellen geben wird. Der Schwerpunkt in diesem Buch wird auf die Konzeption von Chatbots (Kap. 3) und deren inhaltliche Umsetzung (Kap. 4) gelegt. Auf technische Details wird verzichtet, allerdings werden Link- und Literaturtipps angegeben. Einfache Chatbots selbst zu bauen (zum Beispiel für seine eigene Fanpage bei Facebook) ist heute schon genauso einfach wie die Erstellung eines eigenen Weblogs mit vorgefertigten Bausteinen.

Wir danken an dieser Stelle allen, die uns Inspirationen für dieses Buch gegeben haben. Darunter sind insbesondere die Studierenden der Technischen Hochschule Nürnberg, die in einem Lehrforschungsprojekt im Seminar „Digitaler Journalismus" verschiedene Chatbot-Konzepte in einem Design-Thinking-Workshop entwickelt haben. Außerdem danken wir den Veranstaltern des Deutschen IT-Leiter-Kongresses in Düsseldorf im September 2018, wo wir bei einem Chatbot-Workshop verschiedene Konzepte diskutieren konnten. Nicht zuletzt danken wir Prof. Dr. Gabriele Hooffacker, der Herausgeberin der Reihe „Journalistische Praxis" bei Springer VS, für ihre tatkräftige Unterstützung und dafür, dass dieses Springer *essential* im Titel auch den Namen ihrer Reihe tragen darf.

Wir wünschen unseren Leserinnen und Lesern viel Spaß bei der Lektüre und spannende Einblicke in die Welt der dialogorientierten, automatisierten Kommunikation!

München   Markus Kaiser
im Dezember 2018   Aline-Florence Buttkereit
                                                                                          Johanna Hagenauer

Inhaltsverzeichnis

Das Conversational Web 1

Das Smartphone wird weniger zum Telefonieren als zum Chatten genutzt. Messenger zählen sowohl im AppStore für iPhones von Apple als auch im Google Play Store für Android-Telefone zu den Apps, die am häufigsten heruntergeladen werden. WhatsApp ist längst zu einem Kommunikationsmittel geworden, das von allen Altersgruppen genutzt wird. Schüler[1] verabreden sich mit ihren Mitschülern zum Eis Essen, sie sprechen ab, wann ihre Eltern sie vom Fußball-Training oder der Theatergruppe abholen, und sie schicken ihren Großeltern Geburtstagswünsche mit einem Selfie von sich oder einem animierten GIF-Bildchen. Studenten organisieren sich über WhatsApp- oder Facebook-Gruppen und tauschen sich über die angesagtesten Diskotheken genauso aus wie über ihren Urlaubsflirt. Auf Flirt-Portalen wie Tinder werden Dates verabredet.

Chatten (deutsch „plaudern" oder „sich unterhalten") in Echtzeit ist zu einem essenziellen und nicht mehr wegzudenkenden Bestandteil der zwischenmenschlichen Kommunikation geworden. Diese Dialoge finden stets online statt und auf den verschiedensten Endgeräten vom Computer im Büro über den Laptop im Co-Working-Space bis hin zum Tablet auf der Couch oder Smartphone im Café. Insbesondere die Kommunikation mit Hilfe von mobilen Devices hat in den vergangenen Jahren stark zugenommen.

Chatten ist dabei kein ganz neues Phänomen. ICQ (für „I seek you" bzw. „Ich suche Dich"), der nach eigenen Angaben erste Internet-weite Instant Messenger vom israelischen Start-up-Unternehmen Mirabilis, ist bereits im Jahr 1996

---

[1]Aufgrund der besseren Lesbarkeit der Beiträge wurde darauf verzichtet, jeweils die Bezeichnungen für beide Geschlechter zu verwenden. Die männliche Form schließt jedoch selbstverständliche die weibliche Form mit ein.

© Springer Fachmedien Wiesbaden GmbH, ein Teil von Springer Nature 2019
M. Kaiser et al., *Journalistische Praxis: Chatbots,* essentials,
https://doi.org/10.1007/978-3-658-25494-0_1

veröffentlicht worden. Er war auch deshalb so erfolgreich, weil er kostenfrei genutzt werden konnte. Skype, mit dessen App auf dem PC, Tablet und Smartphone Chats, Telefonate und Videotelefonie möglich sind, ist seit 2003 auf dem Markt. Daneben gibt es zahlreiche Websites, die eigene Chats (manchmal für Unterhaltungen zwischen Usern, manchmal für Anfragen an den Kundenservice) implementiert haben. Auch bei Online-Games ist es üblich, sich mit seinen Mitspielern während des Spielens auszutauschen. Außerdem bieten sämtliche Social-Media-Kanäle (wie Facebook, Twitter, Snapchat, Instagram & Co.) die Möglichkeit, dass sich User zu zweit oder in Gruppen-Chats austauschen.

Chats werden von Unternehmen für den Kundenservice genutzt. Politiker demonstrieren während des Wahlkampfs Nähe zu ihren Bürgern, wenn sie sich hier den Fragen ihrer potenziellen Wähler stellen. Journalisten haben sogar immer wieder Wortlaut-Interviews[2] per Chat geführt. Nach Fernsehsendungen kann über die behandelten Themen mit der Redaktion diskutiert werden. Chats sind neben privater Kommunikation längst auch Alltag in Journalismus und Public Relations geworden.

Das klassische Sender-Empfänger-Modell der Kommunikationswissenschaften, in dem wie bei Tageszeitungen oder dem Fernsehen der Leser nur rezipiert bzw. der Zuschauer das Programm passiv verfolgt, gehört damit der Vergangenheit an. Während der Nutzer früher lediglich Leserbriefe schreiben oder zum Beispiel bei „Wetten dass…?" beim TED abstimmen durfte, wer Wettkönig wird, hat der Rezipient heute viel mehr Möglichkeiten, sich zu beteiligen. Während im Web 1.0 noch das Rollenverständnis vom Medienunternehmen als Sender und User als Empfänger geherrscht hatte, können im Web 2.0, dem Social Web, sich alle miteinander unterhalten.

Das Conversational Web bildet die nächste Stufe. Hier unterhalten sich nicht mehr nur Menschen mit anderen Menschen, sondern Menschen auch mit der Maschine bzw. genauer einer Software, die Chatbot genannt wird. Handwerklich gut konzipierte und entwickelte Chatbots bieten Redaktionen und Unternehmen neue Möglichkeiten, mit ihren Lesern bzw. Kunden in den Dialog zu treten. Die Vorteile liegen auf der Hand: Es ist möglich, mit einer Vielzahl an Usern gleichzeitig zu kommunizieren, ohne dass dementsprechend viel Personal für die

---

[2]Ein Wortlaut-Interview ist ein Interview, das im Frage-Antwort-Stil wiedergegeben wird. Zu unterscheiden ist es von einem Recherche-Interview, bei dem lediglich die Informationen für andere journalistische Darstellungsformen wie einen Bericht, ein Feature oder eine Reportage verwendet werden.

Kundenkommunikation (etwa in Callcentern) benötigt wird. Außerdem gibt es keine Öffnungszeiten: Der Chatbot kennt keine Stechuhr und ist auch nachts und am Wochenende erreichbar. Insbesondere für international tätige Unternehmen kann dies eine enorme Entlastung bieten.

▶ **Chatbots haben verschiedene Potenziale**
  - Sie vereinfachen User Journeys
  - Sie erleichtern die Entscheidungsfindung
  - Sie verbessern die Conversion (das heißt, sie führen zu einer Aktion wie dem Kauf eines Produkts)
  - Sie machen Markenversprechen erlebbar

Für Journalisten ist jedoch der entscheidende Punkt: Ihre Leser, Hörer bzw. Zuschauer nutzen Messenger. Genau deshalb setzen sie diese auch ein, um nah dran an den Usern zu sein, sie genau dort mit Informationen zu versorgen, wo sie sich befinden. Um eine höhere Reichweite zu erzielen, bedienen sie sich der Chatbots.

Insbesondere jüngere User verweigern sich längeren Texten. Sie sind in einer Zeit von Push-Nachrichten, Tweets, Snapchat-Storys und Messenger-Diensten (wie von Facebook oder WhatsApp) aufgewachsen. Kurze Teaser in Online-medien werden häufig längeren, fundiert recherchierten journalistischen Texten vorgezogen.

Aus diesem Grund hatte Martin Hoffmann, früherer Redakteur der Tages-zeitung „Die Welt", im Jahr 2016 die Nachrichten-App „Resi" kreiert, in der dem User Neuigkeiten wie in einem Chat vermittelt werden. Der User wird von der App begrüßt, Nachrichten folgen in Häppchen, der User kann sagen, dass er mehr Details erfahren will oder dass „Resi" doch besser nachschauen soll, ob es noch weitere spannende Ereignisse auf der Welt gibt. Die Konversation sollte so authentisch sein wie ein Gespräch unter Freunden. Sollte – weil die App im Jahr 2018 aus wirtschaftlichen Gründen wieder eingestellt worden ist. Als Grund für das Aus eines Produkts kommt bei digitalen Entwicklungen nicht nur infrage, wie das Nutzererlebnis war. Vielmehr spielt es eine stärkere Rolle, ob für die Idee auch ein Geschäftsmodell gefunden worden ist und ob es auf dem inzwischen unübersichtlichen digitalen Markt seinen Weg zu den potenziellen Usern gefunden hat.

Chatbots sind heute noch keine universellen Gesprächspartner. Sie stoßen vor allem inhaltlich schnell an ihre Grenzen. Dies liegt nicht an einer technischen Limitation, sondern vielmehr daran, dass die Konzeption eines Chatbots aufwändig ist. Wer einen Chatbot entwirft, muss sich im Voraus Gedanken über die möglichen Fragen der User machen, passende Antwortmöglichkeiten formulieren und in das System einpflegen. Für den Nutzer wiederum ist es wünschenswert, wenn er sofort erkennen kann, bei welchem Problem, bei welcher Frage bzw. bei welchem Anwendungsfall ihm der Chatbot Unterstützung bieten kann.

Einen Alleskönner muss niemand entwickeln. Das erwarten weder die User noch ist dies leistbar. Aus diesem Grund sollte der Fokus deutlich auf einem Chatbot-Typen liegen. Diese lassen sich in fünf verschiedene Hauptkategorien unterteilen:

▶ **Wichtig**
1. **Conversion/Shopping:** Ein Chatbot kann als Vertriebskanal genutzt werden. Ein Beispiel hierfür ist Lufthansa Mildred, über den Flüge gebucht werden können. Es muss nicht der einzige Vertriebskanal natürlich sein. Sinnvoll sind in der Regel Multi-Channel-Strategien.
2. **Branding:** Durch den Chatbot kann eine Marke erlebbar gemacht werden. Beispiele sind der Chatbot des Sparkassen-Bezahldienstes Kwitt oder der Chatbot der Bundeswehr, bei dem User in die Rolle eines Rekruten im Einsatz in Mali schlüpfen.

© Springer Fachmedien Wiesbaden GmbH, ein Teil von Springer Nature 2019
M. Kaiser et al., *Journalistische Praxis: Chatbots*, essentials,
https://doi.org/10.1007/978-3-658-25494-0_2

3. **Concierge:** Nutzer werden Schritt für Schritt angeleitet. Ein Beispiel hierfür ist Heek (www.heek.com), der einen dabei unterstützt, sich eine Website aufzubauen.
4. **Customer Service:** Der Chatbot hilft einem Unternehmen oder Verlag dabei, seinen Kundendienst zu entlasten. Ein Beispiel ist hierfür Amelia, ein Chatbot der SEB-Bank.
5. **Media:** Durch einen Chatbot kann ein neuer Medienkanal aufgebaut werden. „The Guardian" lässt so zum Beispiel durch sein Archiv navigieren. Auch die bereits erwähnte „Resi"-App fällt unter diese Kategorie.

Einer dieser fünf Hauptkategorien lassen sich Chatbots meist zuordnen. Anschließend stellt sich die Frage, wo der Chatbot überhaupt implementiert werden soll: auf der eigenen Website, in einem Social-Media-Messenger wie WhatsApp oder Facebook oder gar nicht als klassischer Chatbot, sondern zum Beispiel als Voice-Assist-System wie in Amazons Alexa. Natürlich ist es auch möglich, seinen Chatbot auf mehreren Kanälen zu integrieren. Die meisten einfachen technischen Lösungen sind allerdings noch nicht für diesen Einsatz geeignet.

Der Chatbot sollte an der Stelle eingesetzt werden, wo ihn der User auch erwartet und auf die (Medien)marke trifft. Es ist nicht empfehlenswert, jemandem von Facebook auf die Website umzuleiten, um ihm dort einen automatisierten Kundenservice anzubieten. Anders herum sollten User, die auf der Website Unterstützung zum Beispiel in Form eines Concierge-Service erwarten, nicht erst zu Facebook oder anderen Social-Media-Kanälen wechseln müssen. Es sollte dem User so einfach wie nur möglich gemacht werden, mit dem Chatbot in Kontakt zu treten. Der Kunde sollte zudem schnell merken, welche Fragen man dem jeweiligen Bot stellen kann. Manchmal wird ihm dies dadurch erleichtert, dass Fragemöglichkeiten bereits vorgegeben sind.

Selbst wenn der eigene Chatbot klar einer Hauptkategorie zuzuordnen ist und damit das Unternehmen eine klare Zielsetzung definiert hat sowie auch der optimale Medienkanal gewählt worden ist, ist der Erfolg nicht garantiert. Zu groß ist die Gefahr, einen Chatbot an der Zielgruppe vorbei zu konzipieren. Um dieses Problem zu umgehen, bietet es sich an, während der Konzeption eines Chatbots bereits die anvisierte Zielgruppe miteinzubinden.

Design Thinking bzw. ein Design Sprint sind mögliche Methoden, um passgenaue und akzeptierte Chatbots zu entwickeln. Nur wenn man das Problem versteht, das ein Nutzer hat, kann man eine Lösung dafür entwickeln – und diese Lösung kann (muss es aber nicht zwingend) in einem Chatbot bestehen. Diese radikale Nutzerzentrierung sorgt dafür, dass von Beginn an der Kunde und dessen Mehrwert im Mittelpunkt steht und aus seiner Perspektive gedacht wird (vgl. Kaiser 2017, S. 56–61).

▶ **Die sechs Phasen des Design Thinking**
1. Das Problem und den Kontext verstehen
2. Beobachten
3. Perspektiven (Point of view) neu bestimmen
4. Ideen zur Lösung entwickeln
5. (konzeptionelle) Prototypen bauen
6. Systematisches Feedback als Vorstufe des Tests (echte Tests sind in der Regel erst im Projekt möglich)

Das Problem könnte zum Beispiel darin bestehen, dass Kunden mit dem Aufbau eines Schuhregals überfordert sind, mit der bisherigen Bedienungsanleitung nicht klarkommen und verärgert sind, dass sie bei der Hotline zu lange Wartezeiten haben bzw. diese am Wochenende und abends nicht besetzt ist, wenn typischerweise Schuhregale aufgebaut werden.

Man würde schließlich beobachten, wie sich der Kunde zu helfen versucht. Googelt er nach dem Problem, schreibt er eine Mail, geht er auf die Website oder stellt er die Frage auf Facebook oder Twitter ein? Hier könnte sich dann ein Chatbot als Concierge auf dem jeweiligen Medienkanal anbieten. Wenn der Kunde allerdings nicht online nach einer Lösung sucht, sondern versucht, ohne Anleitung das Regal aufzubauen, oder in der Regel Freunde um Hilfe bittet, wird ein Chatbot die falsche Lösung sein.

Wichtig ist, den Standpunkt des Kunden einzunehmen. Ein Chatbot wird also scheitern, wenn ein Unternehmen diesen in erster Linie baut, um seine eigene Hotline zu entlasten. Dies wird hoffentlich später zwar das Resultat des Chatbots sein. Er muss aber vor allem dem Kunden erst einmal einen Mehrwert bieten getreu dem alten Motto „Der Köder muss dem Fisch schmecken, nicht dem Angler".

Bei der Ideenfindung sollte man nicht sofort festlegen, dass ein Chatbot die einzige Lösung sei, sondern auch hier offen sein, was dem Kunden am besten weiterhilft und von ihm am ehesten akzeptiert wird. Ist man während des Design-Thinking-Prozesses zur Erkenntnis gelangt, dass ein Chatbot das beste Tool ist, geht es ans Konzeptionieren und an den Bau eines Prototypen (siehe Kap. 3). Dieser muss noch nicht sofort programmiert werden, sondern kann erst einmal auf Papier entwickelt werden.

Ständige Feedbackschleifen sind entscheidend für einen erfolgreichen Design-Thinking-Prozess. Dabei evaluiert man seine Arbeit in jeder Phase und springt gegebenenfalls auch wieder zu einer früheren Phase zurück. Im Extremfall stellt man bei Phase 6 fest, dass man in Phase 1 das Problem schon gar nicht richtig erfasst hatte und beginnt von Neuem.

Idealerweise ist der Teilnehmerkreis bei einem Design-Thinking-Workshop sehr heterogen zusammengesetzt, um verschiedene Sichtweisen einzubringen. Immer dabei sein sollte auf jeden Fall die gewünschte Zielgruppe. Lediglich eine Befragung der Zielgruppe, was sie sich wünscht, kann diese Beteiligung nicht ersetzen: Schließlich wissen die User oft selbst gar nicht, was möglich wäre und tendieren in Befragungen eher zu konventionellen Lösungen. Es geht jedoch nicht darum, Chatbots zu verbessern, sondern überhaupt erst festzulegen, worin deren besonderer Mehrwert liegen könnte.

Agiles Arbeiten ist ein weiteres Buzzword, das heute bei digitalen Projekten häufig verwendet wird. Es ist tatsächlich entscheidend, stets nachzujustieren: Zum einen ändern sich die Nutzungsgewohnheiten von Usern rasend schnell (zum Beispiel auch die Beliebtheit von verschiedenen Social-Media-Kanälen), zum anderen die technischen Möglichkeiten.

Gelungene Chatbot-Beispiele im journalistischen Bereich gibt es derzeit noch relativ wenige. Dies liegt zum einen daran, dass hier weder eine Entlastung gegeben ist (anders als zum Beispiel beim Abo-Service einer Tageszeitung) noch dass die Refinanzierung einfach ist. Meist haben größere Verlage oder der öffentlich-rechtliche Rundfunk erste Testballons starten lassen. Dabei sollten immer die Stärken des Mediums Chatbot genutzt werden. Ein Vorteil liegt zum Beispiel darin, personalisierte Beiträge anzubieten und durch eine Vielzahl an Informationen (zum Beispiel auch Website-Inhalten) zu führen.

Die „Süddeutsche Zeitung" hat beispielsweise einen Facebook-Bot entwickelt, um Usern stadtteilbezogene Nachrichten zu übermitteln. Gerade in einer größeren Stadt kann man dadurch individuellere Neuigkeiten dem User anbieten. Allerdings handelt es sich hier (anders als bei der „Resi"-App) noch um keinen klassischen Chatbot, der im Dialog Nachrichten erzählt. Vielmehr versucht der Bot (ähnlich wie der des „Guardian"), den User durch sein eigenes, bereits vorhandenes Text-Angebot komfortabler zu navigieren.

In einem anderen Beispiel hat der Bayerische Rundfunk versucht, ein historisches Ereignis näher wirken zu lassen: Zum 100. Jahrestag der Gründung des Freistaats Bayern ließ die öffentlich-rechtliche Rundfunkanstalt fiktive WhatsApp-Nachrichten des damaligen Revolutionsführers und ersten bayerischen

Ministerpräsidenten Kurt Eisner mehrmals täglich versenden. Häufig gab es Links zu weiterführenden multimedialen Informationen. Allerdings waren hier noch kaum Dialoge mit Kurt Eisner möglich. In erster Linie war WhatsApp hier lediglich ein anderer Ausspielkanal wie ansonsten Fernsehen, Radio oder die Website. Deutlich weiter sind hier Unternehmen, die mit ihren Kunden in Dialog treten.

T-Online hat einen ganz anderen Weg gewählt: Sein Chatbot namens „Buddy" verfolgt die Kommentare und weiteren News zu einem Thema und informiert darüber die Redakteure über das Community-Tool Slack. So bleiben die Redakteure im Bilde, wie der Beitrag in Social Media beispielsweise diskutiert wird (vgl. https://www.t-online.de/blog/id_84883818/wie-ein-virtueller-mitarbeiter-die-t-online-de-redaktion-unterstuetzt.html [abgerufen am 07.12.2018]).

Konzeption eines Chatbots 3

Es mag verführerisch sein, sich direkt an das Schreiben von Dialogen zu machen. Immerhin ist das der spannende Teil, vor allem für einen Journalisten oder Markenkommunikator. Davon ist allerdings abzuraten. Denn der Großteil der Arbeit, um einen effektiven, zielgerichteten Chatbot zu erstellen, der seinen Usern das Leben vereinfacht, anstatt sie zu nerven, findet lange vor dem ersten geschriebenen Gesprächsverlauf statt. Zuerst müssen wir die Rahmenbedingungen für unseren Chatbot schaffen – sozusagen ein Gerüst, das erst, wenn es solide steht, nach und nach mit Inhalten gefüllt werden kann. In diesem Kapitel werden wir uns daher näher mit diesem Gerüst beschäftigen und auf die Zielgruppe, den Kanal und die Persönlichkeit des Chatbots eingehen.

Die Konzeptionsphase entscheidet, ob ein Chatbot später erfolgreich sein wird. Denn wer sich entscheidet, einen Chatbot für sein (Medien-)Unternehmen einzusetzen, knüpft daran gewisse Hoffnungen, die der Chatbot erfüllen soll. Der Einsatz von neuen Technologien ist vergleichbar mit dem Einsatz von Werkzeugen. Richtig eingesetzt sollen sie unterstützen, helfen und das Leben erleichtern.

Die Einsatzszenarien, in denen Chatbots helfen können, sind – wie schon in Kap. 2 thematisiert – sehr verschieden. Sie können Prozesse optimieren, Ressourcen sparen, Produkte bewerben oder auch bei der Kaufentscheidung unterstützen. Ein Chatbot wird aber nur dann eine erfolgreiche Hilfe sein und dem Unternehmen den gewünschten Nutzen bringen, wenn er zielgerichtet eingesetzt wird und dem User das Leben tatsächlich vereinfacht, statt ihn zu nerven.

Vielleicht haben ja auch Sie schon einmal den ein oder anderen Moment der Frustration mit einem Chatbot erlebt? Häufig entstehen diese, weil an die Fähigkeiten des Bots während des Dialogs Erwartungen geknüpft werden, die dieser aufgrund seiner Konzeption vielleicht nicht einlösen kann. Dies ist vergleichbar

© Springer Fachmedien Wiesbaden GmbH, ein Teil von Springer Nature 2019
M. Kaiser et al., *Journalistische Praxis: Chatbots*, essentials,
https://doi.org/10.1007/978-3-658-25494-0_3

mit der nüchternen, automatisierten Service-Hotline, die uns als Anrufer in den Wahnsinn treibt, weil sie zum dritten Mal unser gesprochenes Wort fehlinterpretiert oder unsere Geduld auf die Probe stellt mit der Antwort „Das habe ich leider nicht verstanden". Anfangs mag der ein oder andere noch bemüht sein, sein Anliegen erneut zu kommunizieren, wiederholt sich das negative Szenario aber, dauert es nicht lange, bis die Geduld reißt, mit wütender Stimme ins Telefon gebrüllt und verzweifelt aufgelegt wird.

Damit solche Erfahrungen mit einem Chatbot ausbleiben, ist es ratsam, als ersten Schritt ein konkretes Konzept für den Chatbot zu erstellen, das auch für solche Situationen Lösungen bereithält. Das können Angebote sein wie thematisch hilfreicher Content, zu dem der Bot verlinkt oder diesen auch direkt ausspielt. In manchen Situationen ist es auch ratsam, den User nicht unbeantwortet mit seiner Frage alleine zu lassen, sondern ihn stattdessen an einen Menschen zu verweisen.

Das sind aber schon Aspekte, die Details betreffen, gehen wir also noch mal einen Schritt zurück und sehen uns an, woraus ein Chatbot-Konzept bestehen sollte.

3.1   Strategischen Überlegungen auf dem Weg zum Chatbot

Bevor Sie mithilfe der Beantwortung konkreter Fragestellungen selbst erste Überlegungen für ein Chatbot-Konzept angehen können, soll ein kurzer Überblick gegeben werden, welche Aspekte darin enthalten sein sollten.

Von Beginn an ist die Unternehmensperspektive mit einer klaren Funktion des Chatbots ausschlaggebend, die vor allem die Bedürfnisse der Nutzer berücksichtigt. Hierzu gehören Entscheidungen, was der Chatbot leisten und welches Problem er angehen soll, zum Beispiel den Kundenservice entlasten oder als zusätzlicher Medienkanal dienen und beispielsweise per Social Media oder WhatsApp auf Content Ihrer Website, auf digitale Angebote oder Produkte verweisen (einzelne Reportagen, Nachrichten, Rubriken, Apps etc.).

Haben Sie entschieden, in welchem Bereich der Chatbot helfen soll, gilt es anschließend zu klären, für wen er das macht, also welche Zielgruppe Sie erreichen möchten, was für Probleme die Zielgruppe in dem Kontext beschäftigt und wo Sie diese am besten antreffen und abholen.

Wissen Sie, *wen* er ansprechen soll, können Sie zum *wie* übergehen. Das bedeutet zu konzipieren, welche Haltung, Charaktereigenschaften, Wortwahl und „Persönlichkeitsmerkmale" der Chatbot in seinem Konstrukt vereinen soll.

Vielleicht fragen Sie sich jetzt, wieso ein Chatbot eine Persönlichkeit braucht. Mit einem Chatbot bieten Sie eine weitere Kommunikations-Plattform an, über die Menschen mit Ihrem Unternehmen oder Produkten in Kontakt treten können. Dabei spielt es keine Rolle, ob Sie den Chatbot auf Ihrer Website, in Ihren Social-Media-Kanälen oder über eine App einbinden, er agiert mit Kunden und Usern und wird dadurch zu einem Kommunikator Ihres Unternehmens nach außen. Ähnlich wie jeder physische Mitarbeiter, der Kontakt zu Kunden und relevanten Zielgruppen hat. Sie schaffen zwischen dem Chatbot und seinem Nutzer ein Erlebnis mit Ihrer Marke und Ihrem Unternehmen. Wie sich dieses Erlebnis für den Nutzer auswirkt, können Sie aber durch ein gutes Konzept und dessen Umsetzung beeinflussen.

Auch wenn es verführerisch ist, sich direkt an das Konzipieren von Dialogbäumen zu machen, die konstruieren, wie der Bot auf Fragen und Anliegen *(Intents)* der User reagiert: Damit müssen Sie sich noch ein wenig gedulden.

Zunächst wird ein Grundgerüst konstruiert und Schritt für Schritt aufgebaut. Widerstehen Sie aber bitte schon zu Beginn der Versuchung, mit dem Bot viele Probleme auf einmal lösen zu wollen. Überfrachten Sie den Bot mit seinem Leistungsspektrum nicht. Auch wenn es verlockend ist, beginnen Sie lieber mit einer klaren Anwendung. Gute Einsatzszenarien für nicht zu komplexe Chatbots sind wiederkehrende Situationen, die eine gleiche Abfolge von einzuleitenden Schritten oder immer dieselbe Ausgabe an Informationen erfordern.

Beispiel 1

Zu Ihrem Verlagshaus gehört ein Eventkalender, in den lokale Veranstalter ihr Programm einstellen und bewerben können. Um einen einheitlichen Auftritt des Event-Kalenders zu gestalten, erfordert die Eingabemaske einige Informationen. Die Zahl der Nutzer, die den Vorgang abbrechen, ist hoch. Befragungen und Analysen der Nutzer haben ergeben, dass User an der ein oder anderen Stelle bei der Eingabemaske nicht genau wissen, was zu tun ist oder die Lust verlieren, das Inserat bis zum Schluss fertigzustellen. Hier kann ein Chatbot Abhilfe schaffen. Dieser begleitet den User wie einen Concierge bis zur Veröffentlichung, für jeden seiner absolvierten Schritte lobt der Chatbot den User, und für (häufig) gestellte Fragen im Prozess liefert er Antworten.

In diesem Beispiel sind das Ziel, der so genannte „Intent" des Users, ein Inserat online zu erstellen, sowie die einzelnen Schritte dorthin sehr klar. Umso mehr Fragen und Anliegen der Chatbot beantworten und lösen soll, desto komplexer ist seine Struktur im Hintergrund und desto aufgeräumter, geordneter und eindeutig zugewiesen müssen auch die Datenbanken sein, auf die er zugreift.

Folgende Vorgehensweise mit einzelnen Fragestellungen können Ihnen zu einer ersten Konzeptidee verhelfen:

3.2   Der richtige Einsatz des Chatbots im Unternehmen

Entscheiden Sie zunächst in welchen Bereichen des Unternehmens der Chatbot helfen soll. Um auf die richtige Funktion des Chatbots zu kommen, fragen Sie sich: Wo gibt es in Ihrem Unternehmen Probleme, bei denen ein Chatbot helfen könnte? In Beispiel 1 sind die Probleme des Unternehmens: Die User stellen immer weniger Inserate ein, weil das Prozedere zu kompliziert ist. Daraus ergibt sich eine Überlastung beim Kunden-Service. Ständig rufen Personen an, die Probleme mit dem Einstellen der Veranstaltungen haben.

Sehen Sie die Tabelle mit ihrer Einteilung bitte nicht so streng. Manchmal übernimmt ein Chatbot auch mehrere Funktionen. In dem Fall von Beispiel 1 würde er als Concierge fungieren, der den User Schritt für Schritt begleitet und schließlich erfolgreich ein Inserat mit ihm erstellt. Zugleich hilft er aber auch, den Kunden-Service zu entlasten, vorausgesetzt er ist gut konzipiert, führt die User tatsächlich zum Ziel und beantwortet auftauchende Fragen angemessen.

Wie konzipiere ich einen Chatbot, der meiner Zielgruppe wirklich hilft? Zunächst ist natürlich die Frage zu beantworten: Wer ist meine Zielgruppe? Danach geht es an die Fragen: Welcher Bot hilft meiner Zielgruppe und wo platziere ich ihn am besten, um sie zu erreichen? Die Antwort, wo oder in welchem Kanal der Chatbot eingesetzt wird, ist eng verknüpft mit der Zielgruppe, der Funktion und dem Problem, das der Chatbot lösen soll. Im Beispiel 1 ist es sinnvoll, den Chatbot auf der Website mit dem Eventkalender zu platzieren.

Erstellt man aber einen Chatbot, der als zusätzlicher Medienkanal dienen soll und entsprechend die Aufgabe hat, auf Inhalte eines digitalen Angebots (wie einem Onlinemagazin, einer App etc.) aufmerksam zu machen, dann ist es sinnvoll, den Chatbot auf entsprechenden Plattformen wie Facebook oder WhatsApp einzusetzen.

Der Bot hat hier die Möglichkeit, die Neugier der User auf Themen oder Produkte zu wecken, er kann bereits erste Beratungsleistung geben oder durch Witz und Charme eine Verbindung zum User aufbauen. Je nachdem, womit sich ihre

Zielgruppe beschäftigt, ist die Plattform verschieden zu wählen. Ist Ihre Zielgruppe technologisch affin und zum Beispiel in Besitz von Voice-Assistenten sei es privat oder im Unternehmen, kann natürlich auch ein Skill (Anwendung) für einen Virtual-Voice-Assistent wie eine Alexa von Amazon sinnvoll sein.

Unabhängig von der Plattform zeigt sich, dass Einfallsreichtum und Mut, auch einmal etwas Unerwartetes zu tun, das jedoch zur Marke und dem zu vermittelnden Produkt passt, erlaubt sind und bei gelingenden Dialogen und Services auch vom User honoriert werden.

Beispiel 2

Die Sparkasse hat gemeinsam mit der Marketing-Agentur Jung von Matt 2017 einen Chatbot auf Facebook veröffentlicht. Er ist Teil einer Marketingkampagne für die neue App der Sparkasse names „Kwitt". Kwitt ist eine Anwendung, um Geld zu versenden, ähnlich wie der App-Service Paypal. Der Chatbot besitzt den Charakter eines drohenden Geldeintreibers und hilft den Usern dabei, Geld zurückzubekommen, das andere ihnen schulden. Der User hat mit dem „Drohbot" die Möglichkeit, bis zu einem Betrag von 30 Euro ein Video zu erstellen, das den Schuldner auf witzige Weise daran erinnert, Schulden zu haben und diese zurückzuzahlen. Auch Grüße oder eine Erinnerung können mit dem Boten überbracht werden. Zu der Kampagne zählt auch ein Video, das auf den Service aufmerksam macht. Laut Silke Lehm, Leiterin Marketing und Kommunikation beim Deutschen Sparkassen- und Giroverband, erzielte die Sparkasse mit ihrem Chatbot-Boten 9,5 Mio. Videoaufrufe, von den Usern wurde 135.000 personalisierte Videos erstellt (Stand Dezember 2017), und innerhalb von sechs Wochen stieg die Kwitt-App-Nutzung um 22 % (Quelle: „Absatzwirtschaft", http://www.absatzwirtschaft.de/top-thema-sparkasse-setzt-auf-app-kwitt-und-versendet-nun-auch-geld-97861/ [06.12.2018]).

Mit diesem Beispiel hat die Sparkasse gleich mehrere Aspekte erreicht: Der Bot löst das Problem des unangenehmen Nachfragens, wenn andere Personen einem Geld schulden auf witzige Art und Weise. Zeitgleich schafft die Sparkasse ein gutes Markenerlebnis und zeigt sich mit dem schroffen, aber amüsanten Boten von einer anderen Seite. Außerdem schafft der Bot Aufmerksamkeit und schürt Neugier auf den Service der Kwitt-App. Im besten Fall gelingt es dem Bot, den User von seinem Medienkanal, zum Beispiel Facebook, direkt zum Appstore zu leiten.

Beispiel 3

Ein Beispiel aus dem Bereich Journalismus, bei dem mit dem Chatbot ein zusätzlicher Medienkanal geschaffen wurde, ist das datenjournalistische Projekt „Die Superkühe" vom WDR gewesen, das im Zeitraum vom 4. September bis 3. Oktober 2017 lief. Drei Kühe, die in verschiedener landwirtschaftlicher Stall-Haltung leben, wurden mit Sensoren ausgestattet. Diese sendeten regelmäßig Daten über die Aktivitäten, Befindlichkeiten, Nahrungsaufnahme, Bewegungen etc. der Kühe aus. Die Daten wurden zum einen für eine Langzeit-Reportage genutzt, die auf einer eingerichteten Webseite des WDR gelaunched wurde. Zum anderen gab es die Möglichkeit, auf Facebook mit allen drei Kühen via Chatbot zu kommunizieren und zu interagieren. Jede Kuh wurde digital zu einem Charakter eines Chatbots. Der User konnte die einzelnen Kühe zum Beispiel fragen, was sie gerade tun. Daraufhin war die Antwort wählbar, eine Übertragung von Bildern der Live-Kamera zu starten. Ebenso konnte nach der Art und Menge der Nahrung gefragt werden usw. Nach ein paar Dialogsträngen wurde der User auch eingeladen, sich das gesamte Projekt auf der Website superkuehe.wdr.de anzuschauen.

Ein Chatbot erfüllt nur dann seinen Zweck, wenn er seinen Usern einen Mehrwert bietet. Dieser kann, wie die Beispiele zeigen, variieren von etwas Banalem wie Entertainment, Infotainment, aber auch die Effizienz bei gewissen Prozessen steigern (zum Beispiel Hilfe beim Einstellen eines Inserats im Eventkalender). Was auch immer dieser Mehrwert sein mag, nur wenn dieser tatsächlich dem User geboten ist, wird der Chatbot als *nützlich* und nicht als *nervig* wahrgenommen.

Hat man also einen Anwendungsfall des Unternehmens für Chatbots ausgewählt, geht es als nächstes darum, die Perspektive zu wechseln und sich zu fragen, welche Probleme beschäftigen den User in Bezug auf den konkreten Anwendungsfall und worin liegt die Erleichterung oder Bereicherung.

Indem Sie den User bzw. Ihre gewünschte Zielgruppe in den Mittelpunkt der Problemlösung rücken, schaffen Sie einen tatsächlichen Mehrwert für diesen. Im Beispiel mit dem Sparkassen-Geldboten liegt der digitale Service zugrunde, Geld einfach und sicher per App an jemand anderen zu senden. Antworten auf die Frage, welche Probleme beschäftigen die Zielgruppe mit dem Begleichen von Schulden könnten sein:

- „Es ist unangenehm, Freunde an Geldschulden zu erinnern."
- „Mein Freund vergisst immer, mir das Geld zurückzuzahlen."

- „Ohne Erinnerung vergesse ich, Geld zurückzuzahlen."
- „Manchmal denke ich daran, dass ich noch Geldschulden habe, aber dann ist die Person, der ich Geld schulde, nicht da."
- „Geld zurückzugeben, ist kompliziert. Ich muss es passend dabei haben und in dem Moment, in dem ich die Person sehe, daran denken."

Erst wenn wir herausgefunden haben, welchen Mehrwert ein Chatbot dem User bieten kann, können wir beginnen, uns Gedanken darüber zu machen, wie Dialoge und Inhalte aussehen müssen, um diesen Mehrwert tatsächlich zu liefern und wo diese Dialoge stattfinden sollten.

Wo ist meine Zielgruppe? Für den Erfolg in der Kommunikation zwischen Chatbot und Zielgruppe ist die Suche nach der richtigen Platzierung des Chatbots relevant: Wo trifft der Chatbot am ehesten auf seine Zielgruppe und wo kann er ihr bei deren Problemen oder auch Interessen am besten helfen? Antworten darauf können nur gegeben werden, wenn Einstellungen, Bedürfnisse, Motivationen sowie Frustrationen der Zielgruppe eingeschätzt werden können. Versetzen Sie sich in ein normales Kundengespräch, wann können Sie Ihrem Kunden am besten helfen und ihn abholen? Richtig, wenn Sie wissen, wofür er sich interessiert, wann er sich wo aufhält und womit Sie ihm helfen oder eine Freude machen können.

Die Auswahl des Kanals richtet sich also nach den Gewohnheiten unserer Zielgruppe. Wo hält sich unsere Zielgruppe auf? Ist sie regelmäßiger Nutzer von sozialen Medien? Wenn ja, auf welchen Kanälen trifft man sie am häufigsten an? All diese Fragen sind wichtig, um zu entscheiden, wo wir den Chatbot strategisch platzieren, damit er seine Aufgabe erfüllen kann.

Beginnen Sie also erneut, sich in Ihre Zielgruppe hineinzuversetzen. Im Idealfall findet so etwas im Rahmen von ausführlicher *User Research* statt und beinhaltet quantitative Umfragen und qualitative User-Interviews. Aber auch Daten von Marktforschung, andere Marketingmaterialien und Ergebnisse von analytischen Trackings oder Erfahrungen vom Kundenservice können sich als nützlich erweisen.

Es mag vielleicht technisch einfacher sein, einen Chatbot mit einfachen Tools im Facebook-Messenger zu erstellen, jedoch wird der Chatbot seinen Sinn und Zweck verfehlen, wenn wir wissen, dass unsere Zielgruppe Facebook kaum nutzt. Anstatt zu erwarten, dass unsere Zielgruppe zu uns kommt wie Wüstenbewohner zur Wasserquelle, sollten wir uns bemühen, sie dort abzufangen, wo sie sich ohnehin routiniert aufhalten. Nichts anderes machen Journalisten, wenn sie transmedial arbeiten (vgl. Jakubetz 2015, S. 50–59).

Wie denkt, spricht und agiert unsere Zielgruppe? Damit sich die Zielgruppe mit dem Bot versteht, ist es wiederum essenziell, sie gut zu kennen und den Bot an diese anzupassen. Im besten Fall fühlt sich die Konversation mit unserem Chatbot natürlich an – fast wie eine Unterhaltung, die wir (je nach Kontext des Bots) mit unserer Bekannten oder einem Servicemitarbeiter haben. Unter keinen Umständen sollte der User das Gefühl haben, sich mit einem Computer zu unterhalten. Das würde sich unnatürlich, unpersönlich und generisch anfühlen, ein Eindruck, den Sie mit Ihrer Medien- oder Unternehmensmarke keinesfalls hinterlassen wollen.

Das bedeutet noch einmal mehr: Umso besser Sie Ihre Zielgruppe kennen, desto besser. Demografie und Gewohnheiten sind wichtige Wegweiser. Im besten Fall können Sie hier auf bestehendes Material der Marketingabteilung, wie zum Beispiel Marktforschungsergebnisse, zurückgreifen. Die Ergebnisse dieser Untersuchung in Kombination mit dem Nutzen des Chatbots sind die Grundlage für die Auswahl des Kanals, auf dem der Chabot dem User begegnet, seine Persönlichkeit, seine (bild-)sprachliche Ausdrucksweise und weitere wichtige konzeptionelle Fragen, auf die wir im Anschluss im Detail eingehen werden.

3.3   Die Persönlichkeit – wie spricht der Bot?

Neben dem Inhalt, den ein Chatbot ausspielt (also Antworten, Content etc.), ist die Persönlichkeit, also *wie* der Inhalt geliefert wird, extrem wichtig. Das hat mehrere Gründe.

Die Erfahrung, die ein User hat, wenn er auf eine Webseite kommt oder eine App benutzt, nennt man *User Experience (UX)*. Wenn ein User zufrieden mit seiner Erfahrung ist, wenn er zum Beispiel effizient und nervenschonend einen Flug buchen konnte, spricht man von einer guten User Experience. Bei klassischen digitalen Produkten wie Webseiten und Apps hängt die User Experience von einer Vielzahl von Faktoren ab. Zum Beispiel spielt das *User Interface (UI)*, also wie das Interface gestaltet ist, eine große Rolle. Hierbei geht es zum Beispiel um Fragen wie „Ist der Button groß und auffällig genug, damit der User ihn finden kann?“

Aber UI-Design hat auch noch eine andere wichtige Rolle: für das Branding. Wie wir unsere Website gestalten, hat einen großen Einfluss darauf, wie Nutzer die Marke wahrnehmen. Hat die Website ein elegantes Design mit dezenten Tönen und einer hochwertigen, filigranen Typografie, macht das einen anderen

Eindruck, als wenn wir uns mit Neonfarben und blinkenden Werbebannern behelfen. Visuelles Design ist also ein wichtiges Tool, mit dem wir beeinflussen können, wie der User unsere Marke wahrnimmt.

Dieses Prinzip auf Chatbots zu übertragen, ist etwas schwieriger. Je nach Art des Bots haben wir oft weniger Interface-Fläche, mit der wir die User Experience beeinflussen können. Sitzt der Chatbot nicht auf unserer eigenen Website, sondern im Facebook-Messenger, haben wir bis auf ein kleines Logo/Profilbild keinen Einfluss auf das Design.

Ein weiteres Beispiel von reduziertem UI ist die Webseite der Digitalagentur Virtual Identity. User werden dort von dem Firmenbot *Vibee* begrüßt, der als Navigator durch die Seite führt (s. Abb. 3.1). Bis auf das Gesprächsfeld mit *Vibee* gibt es zunächst keinen Content auf der Seite. Das extremste Beispiel sind natürlich sprachgesteuerte Assistenten wie Alexa von Amazon, bei dem jegliches Interface fehlt.

Wie hinterlassen wir also den richtigen Marken-Eindruck bei Usern, wenn wir ihnen nicht direkt visuell begegnen? Genauso wie wir einen Eindruck als Gesprächspartner hinterlassen: mit dem, was wir sagen und wie wir es sagen, mit unserer Persönlichkeit bzw. der Persönlichkeit des Bots.

Im Grunde gilt also: Je weniger der User sieht, desto wichtiger ist die Persönlichkeit des Chatbots, um einen Marken-Eindruck zu hinterlassen. Es gibt jedoch

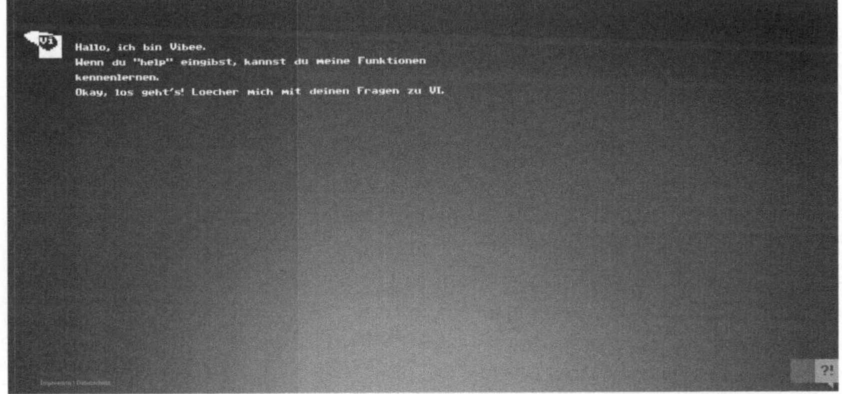

Abb. 3.1 Die Website der Virtual Identity AG www.virtual-identity.com begrüßt den User gleich auf der Startseite mit dem Chatbot Vibee. (Quelle: Produktseite im Netz)

noch zwei weitere Gründe, warum es so wichtig ist, dass wir dem Chatbot eine Persönlichkeit geben.

Menschlichkeit: Oft ersetzen wir durch Chatbots Aufgaben, die traditionell Kundenservicemitarbeiter übernahmen. Durch dieses plötzliche Defizit an menschlichem Kontakt besteht die Gefahr, dass sich der Kunde nicht mehr richtig als Mensch wahrgenommen und wertgeschätzt fühlt. Dieser Effekt wird nur noch verschlimmert, wenn er das Gefühl bekommt, sich mit einem generischen Computer zu unterhalten, der nicht auf seine individuellen Bedürfnisse eingehen kann.

Um das zu vermeiden, ist es extrem wichtig, dass wir dem Mangel an menschlichen Kontakt entgegenwirken, indem wir den Chatbot so menschlich wie möglich erscheinen lassen und die Konversation mit ihm so konzipieren, dass sie sich wie eine natürliche Unterhaltung mit einem Mitmenschen anfühlt.

Wenn man sich vor Augen führt, wie essenziell die Persönlichkeit eines Chatbots für die User Experience ist, ist es nicht überraschend zu hören, dass Tech-Firmen immer öfter professionelle Schriftsteller einstellen, um die Charaktere ihrer virtuellen Assistenten zu kreieren. Microsoft heuerte ein Team von insgesamt sechs professionellen Textern an, um seinen virtuellen Assistenten Cortana zum Leben zu erwecken – darunter einen Dichter, einen Filmautor, einen TV-Autor und einen Fiction Novellist (vgl. https://www.digitaltrends.com/cool-tech/poets-in-tech [30.09.2018]).

Konsistenz: Zuguterletzt dient ein Chatbot-Charakter auch dazu, eine gewisse Konsistenz in der Kommunikation zu sichern. Wenn einer unserer besten Freunde plötzlich von einer Sekunde auf die andere und ohne jegliche Vorwarnung oder ersichtlichen Grund anfangen würde, sehr distanziert und hochgestochen zu sprechen, fänden wir das wahrscheinlich irritierend. Genauso irritierend wäre es, wenn ein Chatbot plötzlich seinen Schreibstil ändern würde.

Das ist der Grund, warum professionelle Autoren wie in Microsofts Team eine richtige Persona mit Lebenslauf und Background-Story für ihren Bots kreieren, um sich dann während des Schreibens der Antworten und Dialoge besser in den Charakter des Bots hineinversetzen zu können: „Wie würde Cortana mit den Lebenserfahrungen, die sie gemacht hat, auf diese Frage reagieren?".

Nachdem wir besprochen haben, *warum* es wichtig ist, dem Chatbot einen Charakter zu geben, beantworten wir jetzt die Frage, *wie* man die Persönlichkeit eines Bots am besten konzipiert. Nicht jeder hat ein Team von professionellen Dichtern und Autoren zur Hand. Und das muss man auch nicht unbedingt, um den Charakter erfolgreich zu konzipieren.

Um den Charakter eines Bots zu entwickeln, gibt es viele verschiedene Wege. Im Folgenden erklären wir einen Prozess, den wir oft mit Kunden erfolgreich angewendet haben (vgl. Abb. 3.2). In den meisten Fällen haben wir hierzu einen Tagesworkshop mit verschiedenen Stakeholdern aus dem Unternehmen veranstaltet, in dem sich jeder mit seinen Erfahrungen einbringen konnte. Obwohl das in unseren Augen der ideale Vorgang ist, denken wir, dass auch kleinere Teams oder Einzelpersonen mit den Leitfragen zu einem guten Ergebnis kommen können.

Der Chatbot tritt als Markenbotschafter für Unternehmen auf. Denn ein Chatbot ist oft der erste – und in manchen Extremfällen auch der Einzige – Kontaktpunkt zwischen Usern und der Marke. Das bedeutet, er hat die Rolle eines Markenbotschafters. Als solcher sollte er natürlich die Marke authentisch vertreten, und sie sollte in seinen Antworten spürbar sein, um ein rundes Bild der Marke bei dem User zu hinterlassen.

Deshalb beginnen wir den Prozess zur Persönlichkeitsfindung gerne mit den Werten der Marke. Wir stellen Fragen wie

- Was macht unsere Marke aus?
- Welche Werte streben wir an?

Viele Unternehmen haben Branding-Guidelines oder Mission-Statements, die diese Fragen beantworten und auf die man zurückgreifen kann. Alternativ kann

Abb. 3.2 Der Chatbot verkörpert Markenwerte und erhält dafür auch menschliche Attribute. (Quelle: eigene Darstellung)

man in seinem Unternehmen einen Termin mit mehreren Mitarbeitern der Branding-, Marketing- und Personal-Abteilung vereinbaren. Mit der Hilfe von Branding-Material und dem Mission-Statement, das die Mitarbeiter mitgebracht haben, und einer kleinen Brainstorming-Session können die wichtigsten Werte bestimmt werden. Zum Beispiel könnten dies Tradition, Qualität und Verlässlichkeit sein.

Von Werten zu Charakterzügen: Nachdem wir eine Liste unserer Werte zusammengefasst haben, überlegen wir uns im nächsten Schritt, wie sich diese in menschliche Eigenschaften, Attribute oder Charakterzüge übersetzen lassen.

Ist einer der Werte zum Beispiel Innovation, könnten wir uns überlegen, welche Eigenschaften ein Mensch hätte, der ein großer Vertreter von Innovation ist. Vielleicht ist er neugierig, vorausdenkend? Vielleicht sogar ein bisschen ungeduldig?

Schwächen machen menschlich. Da kein Mensch perfekt ist und um menschlich zu wirken, sollte auch der Chatbot nicht perfekt sein. Natürlich sollten die Schwächen unseres Bots keinesfalls seine Effizienz hindern oder den User nerven, aber hier und da humorvoll Schwächen einzuräumen, hilft, den Bot menschlicher und auch etwas interessanter wirken zu lassen. Wer beispielsweise *Vibee* von Virtual Identity eine komplexe mathematische Frage wie Wurzelrechnung stellt, bekommt als Antwort „Mathe ist nicht so mein Ding". Reine Exaktheit würde hingegen als unhöflich empfunden werden (vgl. Braun 2003, S. 59).

Ein Beispiel: Die Werte unseres fiktiven Unternehmens sind Tradition, Qualität und Verlässlichkeit. Daraus leiten wir ab, dass unser Bot höflich und zuvorkommend ist. Er ist ein bisschen altmodisch und glaubt noch an die alte Tradition eines Gentleman – auf ihn ist immer Verlass. Dabei ist er jedoch keinesfalls arrogant. Er ist offen, ehrlich und fühlt sich sehr wohl in seiner Rolle als Dienstleister. Dabei schätzt er Effizienz sehr und redet nie um den heißen Brei herum.

Mit diesen Überlegungen entsteht ein mentales Bild eines Concierge für unseren Bot. Wir geben ihm einen Namen: James – abgeleitet vom fiktiven Firmennamen „Jamesons and Sons" und gleichzeitig inspiriert von den Charakterzügen, die wir soeben festgelegt haben. Unserem Bot eine Persona zu geben, hilft uns, uns besser in ihn hineinzuversetzen, wenn wir mit dem Schreiben der Dialoge beginnen. Vielleicht erstellen wir sogar einen Lebenslauf und eine Background-Story für James mit Alter, Hobbys, beruflichem Werdegang und familiärem Hintergrund.

Tone of Voice: Wir wissen nun, welche Charakterzüge unser Bot hat. Jetzt wird es Zeit, sich zu überlegen, wie sich diese im Gespräch mit dem User zeigen können. Denn ähnlich wie bei einem Menschen drückt sich der Charakter erst im Gespräch aus, wie schon Mark Twain wusste: „A man's character may be learned from the adjectives which he habitually uses in conversation." Wichtig ist hierbei nicht nur, *was* er sagt, sondern auch, *wie* er es sagt. Bei der Wahl des sogenannte Tone of Voice (deutsch: Tonfall) müssen wir jedoch nicht nur das von uns soeben erstellte Charakterprofil beachten, sondern auch die Erwartungen der Zielgruppe.

Um bei dieser gut anzukommen, ist es wichtig, dass wir ihre Sprache sprechen. Ein Bot, dessen Zielgruppe Teenager im Alter von 15 bis 19 Jahre sind, wird einen ganz anderen Wortschatz verwenden als der Bot eines Versicherungs-Anbieters mit einer Zielgruppe ab 30 Jahren. Es müssen Fragen geklärt werden wie:

- Verwenden wir Sie oder Du als Anrede?
- Benutzen wir Abkürzungen?
- Sind umgangssprachliche Ausdrücke erlaubt?
- …

Des Weiteren ist es wichtig, dass sich unser Tonfall nicht zu sehr von unserer bisherigen Markenkommunikation unterscheidet. Ist der Tonfall des Bots grundlegend anders als der der Texte, die beispielsweise auf der Webseite veröffentlicht sind, wirkt der Bot fehlplatziert, aufgesetzt und macht womöglich einen lächerlichen Eindruck. Grundsätzlich sollte Konsistenz in der kompletten Markenkommunikation bestehen. Natürlich kann hier auch bewusst ein Bruch gewählt werden, wie im Beispiel des Geldeintreiber-Bots der Sparkasse. Aber diese Entscheidung wurde mit Sicherheit auch bewusst anhand von erhobenen Daten getroffen.

Diese Aspekte (Zielgruppen-Erwartungen und bisherige Markenkommunikation) sollten kein Problem darstellen, wenn Sie sich in der Konzeption des Chatbots an solide Branding-Guidelines und Zielgruppen-Analysen gehalten haben. In unserem Beispiel oben achtet Chatbot James beispielsweise sehr auf seine Ausdrucksweise und antwortet stets mit korrekter Grammatik und Rechtschreibung. Er kommuniziert einfach und effizient, kommt schnell zum Punkt. Er benutzt keine Umgangssprache, spricht aber auch nicht hochgestochen. Er siezt seine User – wie es auch die bisherige Markenkommunikation von „Jamesons and Sons" macht.

Über die Wirkung von Chatbots gibt es einige wissenschaftliche Erkenntnisse. Weil Menschen Komplimente mögen, sollte diese auch ein Bot verteilen: „So schätzen Benutzer gleiche Leistungen in Verbindung mit Komplimenten besser ein als ohne und empfinden Komplimente verteilende Computer als angenehmer", erklärt Alexander Braun in seinem Buch „Chatbots in der Kundenkommunikation" (Ebd. S. 60).

Weiter sind laut Braun die beiden Dimensionen Dominanz-Unterwürfigkeit und freundlich-unfreundlich die wichtigsten Persönlichkeitsmerkmale, denen Menschen kultuturkreisübergreifend bestimmte Eigenschaften zuordneten. „Computer wurden bei gleichem Inhalt als intelligenter, besser informiert, hilfreicher und nützlicher wahrgenommen, wenn die Persönlichkeitsmerkmale mit denen des Benutzers übereinstimmten" (Ebd. S. 60). Derzeit gibt es aber noch keine Chatbots, die sich an den User anpassen und ihren Charakter verändern.

3.4   Die Inhalte – was spricht der Bot?

Wir wissen jetzt, *mit wem, wo* und *wie* der Bot spricht. Jetzt kommen wir zum spannenden Teil: Was sagt unser Bot? Klar, unser Bot sollte zu jeder gestellten Frage Antworten parat haben, denn es gibt nichts Nervigeres als ein Chatbot, der immer wieder sagt „Das verstehe ich leider nicht".

Je nach Art des Bots muss er auch Informationen ausspielen können, die über flache Antworten hinausgehen (vgl. Abb. 3.3). *Vibee,* der Firmenbot der

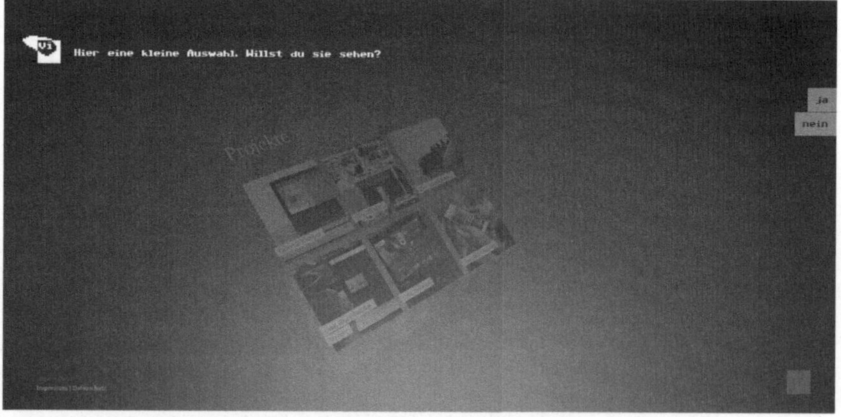

Abb. 3.3 Ein Chatbot muss Antworten auch mit Inhalten verknüpfen, die zum Beispiel auf der Website bereitgestellt werden. (Quelle: eigene Darstellung)

Digitalagentur Virtual Identity, ist ein gutes Beispiel. Sie dient als Hauptnavigation der Seite, das heißt sie muss nicht nur Fragen mit Text beantworten, sondern auch mit Content. Fragt ein User zum Beispiel „Habt Ihr spannende Projekte?", antwortet der Bot darauf nicht mit „Ja", sondern bietet dem User eine Übersicht der Projekte.

Aber auch wenn der Bot nicht als Hauptnavigation einer Website dient, ist es wichtig, sich im Voraus Gedanken zu machen, welchen Content der Bot bieten soll. Vielleicht handelt es sich um eine Datenbank an Artikeln, Produkten etc. Im Idealfall findet ein Content-Audit statt, in dem man sich ein gutes Gesamtbild über die Informationsarchitektur des Bots verschafft.

Diese Informationsarchitektur dient dann als Ausgangslage für die Bestimmung der Antworttypen, mit der wir die jeweiligen Fragen beantworten werden. Diese verschiedenen Antworttypen werden im nächsten Kapitel „Umsetzung eines Chatbots" näher an betrachtet.

Umsetzung eines Chatbots 4

Im vorangegangenen dritten Kapitel haben wir besprochen, wie wir ein Konzept für einen Chatbot erstellen. Wir haben festgelegt, *mit wem* er spricht, *wo* er spricht, *wie* er spricht. Mit diesem Konzept und der Informationsarchitektur des Bots zur Hand können wir uns jetzt an die Umsetzung des Bots machen. Um aber zumindest in Grundzügen auch die technologische Architektur eines Chatbots zu verstehen, gehen wir in diesem Kapitel auch darauf kurz ein und widmen uns detailliert verschiedenen Antworttypen.

Woraus besteht ein Bot? Eigentlich ist ein Bot nichts anderes als eine Schnittstelle, die im Internet lebt und die auf (Such-)Anfragen Antworten schickt. Ein Bot vereint eine spezielle Sicht auf Daten, und eine Schnittstelle, die Inhalte zur Verfügung stellt wie eine Website oder eine App. Damit wird ein Bot eigentlich zu einem Frontend-Thema mit der Frage: Wie kommuniziere ich nach außen? Der Bot macht dies eben mittels Konversation, weswegen die Entwicklung in diese Richtung auch als *Conversational Interface* bezeichnet wird.

Um mit der technologischen Umsetzung eines komplexeren Bots loszulegen, braucht man ein Team. Für das Herzstück des Bots sollten man sich Software-Entwickler suchen, die dazu in der Lage sind, mit einem Bot-Framework einen Bot zu programmieren. Dann muss der Bot dort gehostet werden, wo er immer verfügbar ist, wie eine Website auch. Dabei ist auch die Frage zu klären, wie leistungsstark (performant) der Bot sein muss, also von wie vielen Nutzern man ausgeht. Daneben braucht man einen (UX-)Designer und einen Konzepter für den Content und die Persönlichkeit des Bots.

Kommen wir aber noch einmal auf die technische Zusammensetzung eines Bots zurück. Technologisch gesehen besteht ein Bot aus drei Dingen:

© Springer Fachmedien Wiesbaden GmbH, ein Teil von Springer Nature 2019

M. Kaiser et al., *Journalistische Praxis: Chatbots,* essentials,

https://doi.org/10.1007/978-3-658-25494-0_4

1. **Logik/Gehirn:** Er folgt einer bestimmten Logik, man könnte auch sagen, der Bot besitzt ein Gehirn. Das logische System ist also der Teil des Bots, der das „wenn – dann"-System enthält. Wenn ein User eine gewisse Absicht vorbringt, dann reagiert der Bot mit entsprechenden dazu passenden Antworten. Diese können unterschiedlich ausfallen, wie wir in der Übersicht über verschiedene Antworttypen in diesem Kapitel noch aufzeigen werden. Soll der Bot zu mehr als der Ausgabe einer Antwort fähig sein, dann reichen sehr simple vorgefertigte Bot-Tools nicht aus. So ist es in der Regel erforderlich, diesen Teil des Bots zu programmieren. Es gibt aber verschiedene Software-Anbieter, die Entwicklern dabei helfen, einen Bot zu programmieren. Beispielsweise das SDK Software Development Kit von Microsoft, bei dem man sich verschiedener Programmiersprachen bedienen kann.

2. **Der Bot-Connector:** Ist der Bot programmiert und wird dessen Code in einer Cloud bereitgestellt, stellt sich die Frage, über welchen Kanal der Bot ausgespielt werden soll? Im vorherigen Kapitel sind wir bereits strategisch und inhaltlich auf einige Kanäle eingegangen. Technologisch ist hier wichtig zu wissen, dass es bereits verschiedene Dienste wie von Recast (zu SAP gehörend) oder Microsoft gibt, die wie eine Art Adapter agieren. Ist der Bot mit seinem Code also einmal vorhanden, ist es über einen Bot-Connector möglich, diesen über seine API (Schnittstelle) an beliebige Kanäle anzubinden, ohne jeweils für den einzelnen Kanal die entsprechende Programmiersprache aufzusetzen. Das „übersetzen" in die jeweilige Sprache der Kanäle übernimmt quasi der Adapter.

3. **Intelligenz des Bots:** Damit der Bot auf die genannte Absicht richtig reagiert und auch weiterlernt, gibt es zwei Möglichkeiten, ihn zu trainieren: *Human Teaching* und *Machine Learning*. Je nachdem, ob man sich entscheidet, Machine Learning beim Bot einzusetzen, kann er in die Lage versetzt werden, durch Trainings mit entsprechender Datenfütterung selbst Kategorisierungen durchzuführen. Statt „nur" auf genannte Keywords zu reagieren und entsprechende Antworten zu geben, ist er aufgrund von Training mit Datensätzen, die ein menschlicher Moderator immer der gleichen Absicht zuordnet, nach einer Weile in der Lage, selbst ein Verständnis für Kategorien zu bilden. Dieses basiert auf Mustererkennung. Hierauf gehen wir später genauer ein.

4.1   Übersicht verschiedene Antworttypen

Es gibt mehrere Herangehensweisen, wie Dialoge erstellt werden. Diese variieren je nach Art des Bots, der Technologie oder dem Tool, das zur Erstellung benutzt wird. Vollständigkeit beanspruchen wir hier nicht, sondern zeigen an dieser

Stelle das konzeptionelle Herangehen auf und das, was sich in der Vergangenheit bewährt hat. Konzeptionell unterscheiden wir zwischen drei verschiedenen Antworttypen: geschlossene Text-Antworten, Text-Content- Antworten und Dialog-Bäume.

Geschlossene Text-Antworten sind Antworten, die weder eine Frage beinhalten noch Content ausspielen.

Beispiel

Frage   Wie viele Mitarbeiter habt Ihr?
Antwort   Bei uns arbeiten 120 engagierte Menschen, verteilt auf zehn verschiedene Standorte

---

Diese Art von Antworten eignet sich am besten bei Fragen, mit denen der User reine Informationen abfragt, sowie bei Small-Talk-Fragen (dazu später mehr). Am wirkungsvollsten sind sie, wenn die Absicht des Users (also die Motivation der Frage) klar zu erkennen ist. In dem oben angeführten Beispiel ist die Motivation des Users zu erfahren, wie viele Mitarbeiter der Konzern hat. Der Bot erkennt diesen Intent und kann eine einfache Antwort mit der gewünschten Information geben.

„Geschlossen" heißt diese Art von Antwort, weil wir es vermeiden, Fragen zu stellen. Obwohl diese dem Konversation-Fluss mehr Natürlichkeit geben würden, bringen sie uns in vielen Fällen in die Bredouille. Stellen wir eine Gegenfrage, so können wir nur sehr selten vorhersagen, was der User darauf antwortet (mit Ausnahme von Dialog-Bäumen natürlich). Das heißt, der Bot erkennt den Intent der Antwort auf die Gegenfrage nicht und wir landen bei einer Error-Meldung „Das verstehe ich leider nicht" und somit bei einem frustrierten User.

Auch wenn geschlossene Text-Antworten wohl die unkomplizierteste Antwort-Art sind, sollte man nicht der Verführung nachgehen, so viele Fragen wie möglich so zu beantworten. Benutzt man sie zu häufig, kann die Konversation mit dem Bot zu abgehackt und unfreundlich wirken. Das wäre so, als ob unser bester Freund plötzlich nur noch einsilbige Antworten geben würde. Außerdem hätte der User womöglich die Befürchtung, dass er etwas verpasst, indem er nicht die richtigen Fragen stellt. Ein Phänomen, dem wir mit unserem nächsten Antworttypen entgegenwirken können.

Text-Content-Antworten sind eine Mischung zwischen Text-Antworten und dem User vorgeschlagenem bzw. gezeigtem Content. Mit Hilfe von Text-Content-Antworten haben wir die Möglichkeit, auf Fragen zu reagieren, die komplexere

Antworten verlangen. Wir bieten dem User Content, den er entweder explizit oder implizit anfrägt.

Beispiel für eine explizite Frage

Frage   Was für Projekte habt Ihr?
Antwort   Ich habe hier eine Auswahl an Projekten. Willst Du sie sehen?

Der User fragt explizit nach Projekten und wir bieten ihm direkt den Content, den er sich wünscht.

Beispiel für eine implizite Frage

Frage   Wie ist bei Euch das Arbeitsklima?
Antwort   Teamgeist und gute Laune stehen bei uns an erster Stelle! Ich habe da ein Video, in dem ein paar Mitarbeiter mehr erzählen. Willst Du es sehen?

In diesem Fall könnten wir dem User auch den ersten Satz der Antwort als geschlossene Text-Antwort liefern. Wir erkennen jedoch, dass der User die Absicht hat, mehr über das Arbeitsklima zu erfahren; er ist daher wahrscheinlich an einem Video interessiert. Wir antizipieren also den Wunsch des Users und liefern ihm Content, der für ihn interessant sein könnte.

Es ist wichtig, eine gute Balance zwischen geschlossenen Text-Antworten und Text-Content-Antworten zu finden. Der User soll nicht das Gefühl haben, Content zu verpassen. Gleichzeitig sollte man ihn aber auch nicht mit Content zuschütten und ihm diesen womöglich noch in einem unpassenden Moment anbieten. Letzteres hätte einen ähnlichen Effekt wie zu viele Pop-ups, die ständig aufploppen, wenn man sich durch eine Webseite navigieren will.

Dialog-Bäume: Die letzte und gleichzeitig komplexeste Art von Antworten sind Dialog-Bäume (vgl. Abb. 4.1). Im Grunde sind sie jedoch das Goldstück von Chatbot-Konversationen, weil sie sich am meisten wie eine menschliche Unterhaltung anfühlen. Dialog-Bäume brauchen wir unter anderen dann, wenn wir mehr Informationen vom User brauchen, um ihm die von ihm gewünschte Informationen liefern zu können.

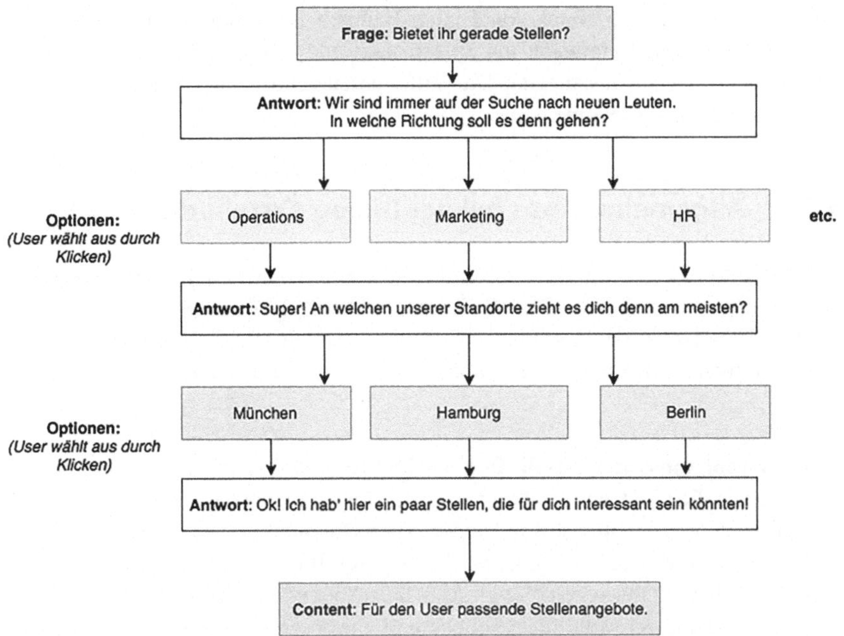

Abb. 4.1 Es ist wichtig, sich einen Dialogbaum zu entwickeln, nach dem der Chatbot Informationen vom User abfragt. (Quelle: eigene Darstellung)

Beispiel: Jobsuche

Frage Bietet Ihr gerade Stellen an?

Antwort Wir sind immer auf der Suche nach neuen Leuten. In welche Richtung soll es denn gehen?

- Operations
- Marketing
- HR
- Redaktion
- …

Wegen der komplexen Natur von Dialog-Bäumen ist es empfehlenswert, jeden einzelnen vor dem Einpflegen ins System entweder digital oder handschriftlich bis ins letzte Detail auszulegen. Das hilft, potenzielle Sackgassen zu erkennen und spätere Fehler zu vermeiden.

4.2 Allgemeine Tipps bei der Dialog-Erstellung

Kurz und knackig: Grundsätzlich sollte beim Schreiben darauf geachtet werden, dass man kurze, prägnante und vor allem zielführende Antworten entwirft. Ziel unseres Bots ist es, den User so schnell und effizient wie möglich an sein Ziel zu bekommen. Füllwörter und Redundanz sollten deshalb bestmöglich vermieden werden.

Ein Chatbot muss auf Small Talk vorbereitet sein, denn User testen wahnsinnig gerne die Grenzen von Technologien. Das können ganz banale Fragen sein wie „Was ist dein Lieblingsessen?" oder „Hast Du einen Freund?". *Vibee* von Virtual Identity antwortet zum Beispiel darauf: „Ich bin in unseren Drucker Orbert verliebt. Willst Du ihn sehen?" (vgl. Abb. 4.2) Aber es ist auch überraschend, wie niedrig die Hemmschwelle für peinliche und gar obszöne Fragen zu sein scheint, wenn der User denkt, er spricht „nur" mit einem Computer.

Einige der Programme (zum Beispiel Googles Dialog Flow) haben voreingestellte Small-Talk-Fragenkataloge der häufigsten Fragen, die man direkt mit Antworten befüllen kann. Das erleichtert die Arbeit, weil man nicht erst darauf warten muss, bis die Fragen als „nicht erkannt" im System angezeigt werden, nachdem ein User sie gestellt hat.

Auswahlmöglichkeiten zur Sackgasse-Vermeidung: Sackgassen sind eines der größten Schwierigkeiten bei der Bot-Konzipierung. Sie entstehen zum Beispiel, wenn der User eine Antwort auf eine unserer Nachfragen gibt, auf die unser Bot nicht vorbereitet ist. Der Bot erkennt den Intent nicht und wir haben eine Fehlermeldung und einen frustrierten Nutzer.

Um derartige Vorfälle zu reduzieren, bietet es sich vor allem bei Dialog-Bäumen an, dem User Auswahlmöglichkeiten zu geben (siehe obiges Beispiel). Analytische Daten haben gezeigt, dass diese sehr oft benutzt werden und wir somit das Gespräch effizient leiten können. Auch wenn die Interaktion sich durch das Klicken anstatt Schreiben potenziell weniger wie eine Unterhaltung anfühlt,

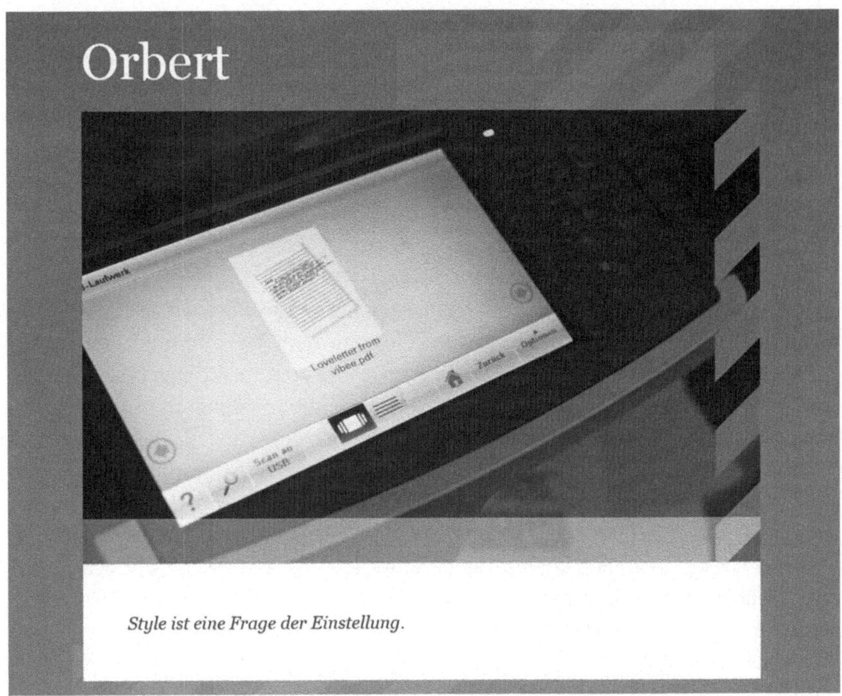

Abb. 4.2 Ein Chatbot muss auch auf Small Talk vorbereitet sein. Vibee bei Virtual Identity gibt beispielsweise an, dass sie in den Drucker Orbert verliebt ist. (Quelle: eigene Darstellung)

überwiegen die Vorteile in komplexeren Fällen wie zum Beispiel einer Suche nach einer Arbeitsstelle.

Wenn es doch einmal schief geht, kommt die Fehlermeldung Doch je mehr wir unserem Bot beibringen (Human Teaching) und er selbst lernt (Machine Learning), desto seltener müssen wir auf Fehlermeldungen *(Error)* zurückgreifen. Sackgassen werden wir aber womöglich nie ganz vermeiden können, und daher ist es wichtig, dass wir auf sie gut vorbereitet sind.

Fehlermeldungen sollten immer in einem menschlichen und höflichen Ton geschrieben sein. Eine klassische Anzeige mit „404 – Error" sollte keinesfalls benutzt werden, denn das würde den Konversationsfluss stören und dem User deutlich signalisieren: Du sprichst hier mit einem Computer.

Auch sollten Wiederholungen der gleichen Fehlermeldung vermieden werden. Denn es kann durchaus sein, dass ein User öfter als einmal in einer Sackgasse landet. In dem Fall sollte vermieden werden, mechanisch oder wie eine gebrochene Schallplatte zu klingen. Es wird empfohlen, circa drei verschiedene Versionen von Fehlermeldungen á la „Es tut mir leid, aber das habe ich jetzt nicht verstanden!" parat zu haben.

Wenn gar nichts mehr hilft, muss ein Mensch eingreifen. Denn drei Fehlermeldungen sollten auch das Limit sein, die man dem User zumutet. Als Alternative sollte dem User spätestens dann, menschlicher Kontakt angeboten werden (wenn möglich sollte dies schon bei der ersten Fehlermeldung als Auswahlmöglichkeit erscheinen). Es ist wichtig, dass wir uns eingestehen, dass unser Bot (gerade am Anfang) noch nicht alle Wünsche unserer User beantworten werden kann. Aus diesem Grund ist diese so genannte *Human Intervention* enorm wichtig.

Anstatt mit falschem Stolz an die Sache zu gehen, sollten wir darauf achten, dass die User Experience keinesfalls darunter leidet, dass unser Bot noch lernen muss. Daher ist es immer gut, alternativ Kontakt zum Kundenservice anzubieten, damit der User am Ende doch zu seinem Ziel kommt. Letztlich erreicht man damit das Ziel, einfache Fragen über den Chatbot abzuwickeln, und der Kundenservice kann sich auf die komplizierteren Fälle konzentrieren.

4.3   Tools zur Bot-Umsetzung

Es gibt jede Menge kostenfreier Tools auf dem Markt, die die Umsetzung eines Bots auch für Nicht-Techies möglich machen. Und es kommen stetig neue dazu. Auch an dieser Stelle erheben wir keinen Anspruch auf Vollständigkeit, sondern zeigen nur eine kleine Liste von den bekanntesten Tools, die es derzeit auf dem Markt gibt, sowie geben Literaturtipps für eine ausführlichere Lektüre zum Thema technische Umsetzung.

Wer nur einmal ein bisschen in das Thema hineinschnuppern mag und sich an einem simplen Bot ausprobieren mag, kann sich am QnA-Maker von Microsoft versuchen (https://www.qnamaker.ai). Microsofts Versprechen lautet „From FAQ to Bot in minutes".

Hintergrund Information
Liste über verschiedene Chatbot-Tools

Chatbot-Designer für Laien
Hubspot bietet eine umfängliche CRM-Software in Zusammenhang mit auf Webseiten platzierten Chatbots (https://www.hubspot.de).

Snatchbot dient primär zur Erstellung von Messaging Bots in Services wie Messenger, Slack, Skype etc. (https://snatchbot.me).

Botsify hilft bei der Erstellung von Website-Bots mit dem Claim „in unter fünf Minuten" (https://botsify.com).

Chatfuel: Beliebte Plattform zur Erstellung von Facebook-Messenger-Bots (https://chatfuel.com).

Octane.ai hilft Verkäufern von Online-Shops dabei, ihren Absatz mithilfe eines Facebook-Messenger-Bots zu steigern (https://octaneai.com).

Facebook-Messenger-Bot: Auch Facebook selbst bietet einen Bot-Builder an (https://developers.facebook.com/docs/messenger-platform).

Chatbot-Frameworks für Fortgeschrittene

Diese Frameworks sind für fortgeschrittene Chatbot-Enthusiasten. Manche verlangen ein bisschen Erfahrung in der Entwicklung mit Code:

Dialogflow (ehemals api.ai): https://dialogflow.com

Wit.ai: https://wit.ai

IBM Watson: https://www.ibm.com/watson/how-to-build-a-chatbot

Microsoft Bot Framework: https://dev.botframework.com

Botkit: https://www.botkit.ai

4.4   Wie lernt der Bot?

Es gibt zwei Arten, wie ein Bot lernen kann: Entweder man füttert ihn immer wieder mit neuen Antworten je nach Bedarf (kontrolliertes Nachschärfen der Antworten) oder man lässt ihn eigenständig lernen mit Hilfe von künstlicher Intelligenz (Machine Learning).

Kontrolliertes Nachschärfen der Antworten ohne Machine Learning: Durch selbst durchgeführtes Nachschärfen der Antworten haben wir größere Kontrolle über das, was der Bot aktuell und in Zukunft können soll. Die meisten Softwares erlauben uns einzusehen, bei welchen Fragen unser Bot keine Antwort parat hatte. Indem wir in regelmäßigen Abständen Antworten für genau diese unbeantworteten Fragen ins System einstellen, erreichen wir, dass sie beim nächsten Mal beantwortet werden können. Wir füttern den Bot somit, und er wird stetig schlauer.

Der Vorteil dieser Methode gegenüber eigenständigem Machine Learning (bei dem der Bot selbst lernt, Intents zu erkennen und richtig darauf zu reagieren) ist, dass wir durch das regelmäßige Kontrollieren der Gesprächsverläufe die Interaktionen des Users nachvollziehen und kontrolliert darauf reagieren können. Wir bekommen dadurch, dass wir regelmäßig die Fragen unserer User durchforsten, einen sehr guten Einblick in die Frustrationen unserer User mit dem Bot und User-Bedürfnisse im Allgemeinen. Wir können Schwachstellen erkennen, die über reine Fehlermeldungen hinausgehen und diese aktiv aus dem Weg räumen. Wir betreiben quasi User-Research und Produktiteration in einem.

Außerdem erhalten wir mehr Kontrolle über das, was der Bot lernt. Integrieren wir Machine Learning unkontrolliert und unmoderiert in unseren Bot, kann es passieren, dass der Bot eine Entwicklung annimmt, die wir für ihn nicht vorgesehen haben. Ein Beispiel dafür ist der Bot *Tay*, der durch Machine Learning innerhalb von 24 Stunden nationalsozialistische Charakterzüge angenommen hatte (vgl. http://www.faz.net/aktuell/wirtschaft/netzwirtschaft/microsofts-bot-tay-wird-durch-nutzer-zum-nazi-und-sexist-14144019.html [30.09.2018]). Gerade, wenn wir den Bot als Markenbotschafter nutzen, sollten wir uns ein gewisses Level an Kontrolle bewahren. Die Funktion, den Bot eigenständig Aktionen ableiten zu lassen, ist technisch längst möglich, ist im Bereich der Kommunikation aber weniger zu empfehlen.

Machine Learning: Für den Begriff Machine Learning gibt es zahlreiche Definitionen. Machine Learning ist ein Bereich der Künstlichen Intelligenz. Simpel ausgedrückt ist Machine Learning die Fähigkeit des Bots, nicht nur auf erkannte Keywords zu reagieren, sondern die Person bzw. ihre Intents verstehen zu lernen. Microsoft hat hierfür beispielsweise das System LUIS – Language Understanding Intelligent Service entwickelt (https://www.luis.ai). Im System LUIS kann man verschiedene Absichten definieren, die der Chatbot abdecken soll, beispielsweise Öffnungszeiten eines Unternehmens, den Bestellvorgang eines Abos, Preisabfrage, Erscheinung der Ausgaben, Auflage usw. Zu jedem dieser Absichten bzw. Themen sollte man von Beginn an mindestens fünf Beispielsätze, wie der Intent vom User formuliert werden könnte, hineingeben.

Beispiel

- Was kostet ein Monatsabo?
- Wie viel muss ich für ein Monatsabo bezahlen?
- Wie teuer ist ein Abonnement im Monat?
- Welche Kosten kommen auf mich bei einem Monatsabo zu?
- Muss ich das Abonnement monatlich zahlen?

Das Machine-Learning-Modell kann schließlich trainiert werden. Das bedeutet, der Bot reagiert dann nicht auf einzelne Wörter wie „Monatsabo" und antwortet immer entsprechend nur dem Keyword zugeordnet, sondern reagiert kontextabhängig. Gibt ein User etwa den Intent ein „Monatsabo kündigen", dann reagiert der Bot nicht nur auf das Keyword „Monatsabo", schlägt entsprechende Preislisten vor und fehlinterpretiert somit den gesamten Intent des Users „Yeah, ein Monatsabo ist super, ich habe auch eins! Möchtest Du die Preislisten sehen?" Er versteht vielmehr, dass der User kein neues Abo wünscht, sondern kündigen möchte. Denn falls er mit der Preisliste antwortet, kann das zu sehr großer Frustration beim User führen.

In diesem Fall wäre die Antwort des Bots genau das Gegenteil der gewünschten Hilfe des Users, das Abo zu kündigen. Ein gut trainierter Bot kann mit der Zeit mittels Machine Learning auch selbst lernen, aus dem Kontext Intents zu kategorisieren. Sind gewisse Informationen zum Beispiel schon gegeben, weil der User ein paar Variablen schon im ersten Intent gesetzt hat, erkennt der Bot, worum es sich stattdessen handeln muss. Weiß der Bot also beispielsweise durch bereits gesetzte Variablen schon, dass der User ein Kunde mit einem Monatsabo ist, wird er ausschließen, ihm ein solches anzubieten. Er wird stattdessen versuchen, über Mustererkennung anderer Intents, eine alternative Einordnung zu finden. Auch ein Bot mit integriertem Machine-Learning-Modell muss nicht sich selbst überlassen werden und kann moderiert und trainiert werden.

Letzteres bedeutet, bereits angeeignete Kategorisierungen können auch noch einmal aufgebrochen werden, wenn die Zuordnung nicht korrekt erfolgt ist. Das ist wichtig, damit die Intent-Erkennung entsprechend gut funktioniert und der Bot nicht auf der Suche nach bekannten Mustern oder durch kleine Fehler in den Datensätzen falsche Kategorisierungen durchführt und damit verkehrte Antworten auswirft. Je nach Komplexität des Bots empfiehlt es sich, diesen erst einmal ein paar Monate intern zu testen, bevor man diesen nach außen gibt, also online User zugreifen lässt. Für die einzelnen Kategorien ist ein Datensatz von 150 Sätzen als Training eine gute Anzahl, um die richtige Intent-Erkennung zu erhöhen.

Emotionen erkennen: Geht man von Sprache und Kommunikation aus, die weitaus mehr Ebenen als die rein inhaltliche Erkennung von Intents beherbergt, landet man schnell beim Thema Emotionen. Diese lassen sich sowohl in gesprochener als auch in geschriebener Sprache positiv und negativ erkennen.

Ein weiterer Service, der sich damit beschäftigt und den man in einen Bot implementieren kann, nennt sich *Sentiment-Detaction*. Dieses System prüft die

Intents darauf, wie positiv oder negativ ein Satz vom User gemeint gewesen ist. Eine entsprechende Werte-Skala gibt Aufschluss darüber, ob der User aufgebracht, wütend oder freudig gewesen ist. Großbuchstaben können zum Beispiel ein Hinweis auf entsprechende Emotionen sein. In Chats werden diese so interpretiert, dass User ihr Gegenüber anschreien.

Die Entwicklungsstufen von Künstlicher Intelligenz

5

Wir stehen heute an dem Punkt, dass Maschinen nicht nur anhand von Schlüsselbegriffen *(Keywords)* verstehen, was eine Person möchte, sondern sie auch eigenständig versuchen in Erfahrung zu bringen, was das Ziel eines Menschen ist. Der nächste Schritt ist, daraus auch eigenständig Aktionen abzuleiten. Das gelingt allerdings heute noch nicht ohne Reibung. Bei all der Entwicklung von *Künstlicher Intelligenz (KI)* ist es erstrebenswert, weiterhin den Menschen final über abzuleitende Aktionen entscheiden zu lassen und nicht die Maschine.

Künstliche Intelligenz basiert im Prinzip auf Wahrscheinlichkeitsrechnung und gibt entsprechende Wahrscheinlichkeiten aufgrund erkannter Muster und Kategorien an den Entwickler aus. Je nachdem, wie hoch der erreichte Prozentsatz der Trefferquote in der Wahrscheinlichkeit ist, entscheidet der Entwickler heute, ob er den erkannten Intent durch- oder nicht durchlässt. In *Machine und Deep Learning* liegen natürlich jede Menge Chancen, aus ungeheuren Datenmengen, die das menschliche Hirn nicht in der Lage wäre zu sortieren, geschweige denn nach Mustern zu durchsuchen, Regelmäßigkeiten zu entdecken und anhand dessen in wahrscheinliche Kategorien einzuordnen.

Wenig verwunderlich ist es daher, dass vor allem im Finanz- und Medizinbereich derzeit solche Systeme zunehmend Anwendung finden. Die Frage, die am Ende immer mit Ja beantwortet werden sollte, ist doch, ob die Technologie uns das Leben erleichtert und uns hilft oder eher das Gegenteil bewirkt. Richtig eingesetzt kann sie uns helfen, falsch eingesetzt ist sie gefährlich wie ein jedes Küchenmesser auch.

© Springer Fachmedien Wiesbaden GmbH, ein Teil von Springer Nature 2019
M. Kaiser et al., *Journalistische Praxis: Chatbots,* essentials,
https://doi.org/10.1007/978-3-658-25494-0_5

Was Sie aus diesem *essential* mitnehmen können

- Chatbots bieten eine optimale Möglichkeit, um mit Kunden in Kontakt zu treten, den Kundendienst zu entlasten, neue Services anzubieten und die Marke erlebbar zu machen.
- Die Konzeption eines Chatbots sollte viel Raum einnehmen. Optimal sind hierfür Design-Thinking-Workshops. Erst danach folgen das Verfassen von Dialogen und die technische Umsetzung.
- Ein Chatbot erhält eine Persönlichkeit, die zur eigenen (Medien)marke passen muss und das Markenversprechen im Idealfall transportiert.
- Einen einfachen Chatbot kann man technisch selbst implementieren. Es gibt hierfür einfach zu handhabende Tools.
- Machine und Deep Learning sorgen dafür, dass sich die Entwicklung von Chatbots und virtuellen Assistenten noch deutlich weiterentwickeln wird.

© Springer Fachmedien Wiesbaden GmbH, ein Teil von Springer Nature 2019   41
M. Kaiser et al., *Journalistische Praxis: Chatbots*, essentials,
https://doi.org/10.1007/978-3-658-25494-0

Literatur

Zur technischen Unterstützung, einen Chatbot erfolgreich aufzubauen, gibt es bereits zahlreiche Literatur, die meist auf Englisch veröffentlicht worden ist. Empfehlenswert sind hier lediglich brandaktuelle Bücher, denn während sich die Konzeption eines Chatbots nicht so schnell ändert, gibt es ständig neue Tools und Software-Lösungen auf dem Markt.

Einen breiten Überblick bietet das englischsprachige Buch „Designing Bots" von Amir Shevat (Peking 2017, Verlag O'Reilly). Wie man mit konkreten Tools wie zum Beispiel Chatfuel, Microsofts Bot Framework oder Alexa Skills automatisierte Kommunikation implementiert, beschreibt Srini Janarthanam im ebenfalls englischsprachigen Werk „Hands-On Chatbots and Conversational UI Development" (Birmingham 2017, Packt-Verlag).

Auf psychologische Erkenntnisse, wie ein Chatbot beim Kunden ankommt, geht Alexander Braun im Buch „Chatbots in der Kundenkommunikation" ein (Berlin 2003, Springer-Verlag). Besonders hervorzuheben ist hier das Kapitel mit Erkenntnissen, wie höflich oder forsch ein Chatbot sein sollte, welche Geschlechts-Sterotypen es gibt und wie stark personifiziert ein Chatbot sein sollte.

Braun, A. (2003). *Chatbots in der Kundenkommunikation*. Berlin: Springer.
Dirksen, J. K. (2018). *Die Bedeutung von Chatbots im Kundenservice* (Bd. 4). Aachen: Shaker.
Janarthanam, S. (2017). *Hands-On chatbots and conversational UI development*. Birmingham: Packt.
Jakubetz, C. (2015). *Transmediales Arbeiten*. In M. Kaiser (Hrsg.), *Innovation in den Medien* (2. Aufl.). München: Verlag Dr. Gabriele Hooffacker.
Kaiser, M. (2017). *Design thinking*. In M. Kaiser & S. Sutor (Hrsg.), *Transforming Media. Neue Geschäftsmodelle in der digitalen Welt*. München: Verlag Dr. Gabriele Hooffacker.
Khan, R., & Das, A. (2018). *Build better chatbots*. New York: Apress.

© Springer Fachmedien Wiesbaden GmbH, ein Teil von Springer Nature 2019   43
M. Kaiser et al., *Journalistische Praxis: Chatbots*, essentials,
https://doi.org/10.1007/978-3-658-25494-0

Muldowney, O. (2017). *Chatbots. An introduction and easy guide to making your own.* Dublin: Curses & Magic.

Oloyede, J. (2018). *Chatbot mastery. How to build and make money from chatbots without coding.* o. O.: o. V.

Shevat, A. (2017). *Designing bots.* Peking: Verlag O'Reilly.

Stefan, S. (2019). *Roboterjournalismus, Chatbots & Co.* Hannover: Heise-Gruppe.